Cómo votar

Saskia Lacey

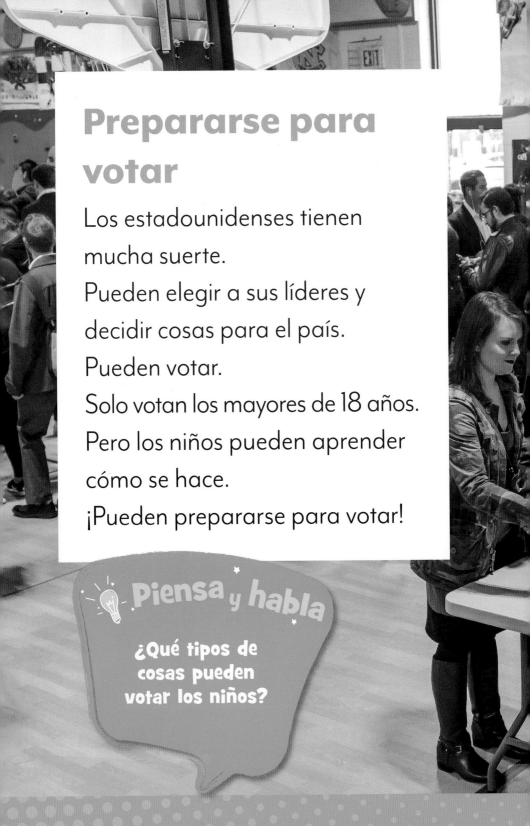

Prepararse para votar

Los estadounidenses tienen mucha suerte.

Pueden elegir a sus líderes y decidir cosas para el país.

Pueden votar.

Solo votan los mayores de 18 años.

Pero los niños pueden aprender cómo se hace.

¡Pueden prepararse para votar!

Piensa y habla

¿Qué tipos de cosas pueden votar los niños?

Salta a la ficción

Las elecciones

Sam está feliz porque puede elegir a sus líderes.

A él le gusta hacer oír su voz.

Sam está en la fila.

Espera su turno.

Sam entra en la cabina de votación.
Lee los nombres.
Sam piensa bien.
Luego, elige.

Vuelve al texto de no ficción

Antes de votar

Tómate tu tiempo antes de votar. Averigua todo lo que puedas.

El derecho a votar

¡Votar es un derecho!
Es parte de ser ciudadano.

Averigua quiénes quieren ser líderes.

Escucha lo que tienen para decir.

Piensa bien.

Un millón de voces

Millones de personas votan cada año.
Cada uno tiene voz.
Su voto es su voz.

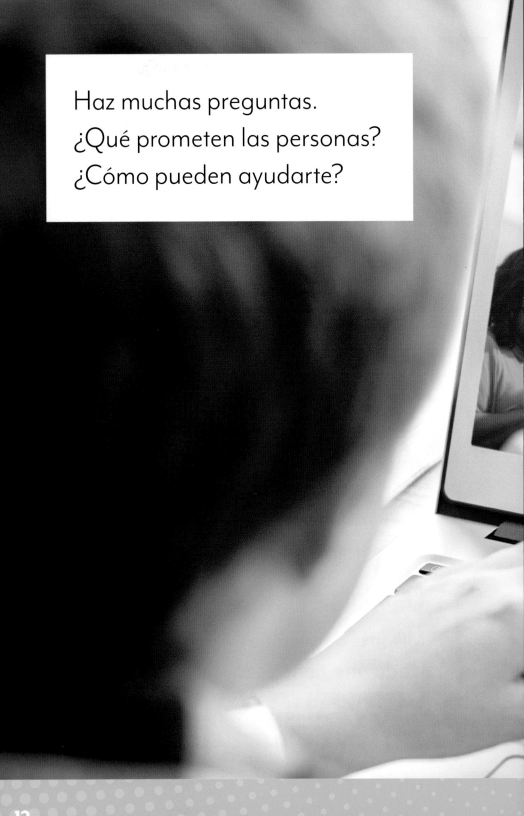

Haz muchas preguntas.
¿Qué prometen las personas?
¿Cómo pueden ayudarte?

Piensa en cada persona.
¿Cuál es su trabajo?
¿Cuáles son sus metas?
¿Con quién estás de acuerdo?

Piensa y habla

¿Cómo puedes saber lo que quieren hacer los líderes?

Ahora, llegó el momento.

¿Quién crees que debe ser el líder?

Elige a la persona por la que votarías.

Gratis para todos

No hay que pagar para votar.
Votar es gratis.

Listos, preparados, ¡a votar!

Ahora ya estás listo.
¡Es hora de votar!

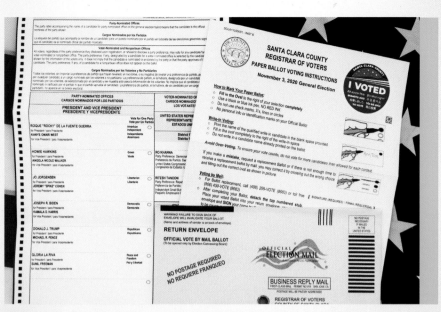

Solo tú

Cada persona vota por su cuenta.
¡Nadie puede ver lo que votas!

Ve al lugar de votación.

Vota.

Así eligen a sus líderes los estadounidenses.

En el lugar de votación

En el lugar de votación
puede haber mucha gente.
Todos hacen fila.
Cada uno espera su turno.

Pasa la voz

Diles a tus amigos lo que sabes
sobre las votaciones.
¡Tu voto es tu voz!

Civismo en acción

Los adultos votan para elegir a los líderes de Estados Unidos. Pero los niños también pueden votar para elegir otras cosas. Organiza elecciones con tus familiares o amigos.

1. Pídele a cada votante que sugiera un juego. Escribe todos los juegos en una lista.

2. Dale a cada votante un lápiz y un papel.

3. Pídele a cada uno que vote por el juego que prefiere. Cada uno escribirá en su hoja el nombre de uno de los juegos.

4. Cuenta los votos. ¿Qué juego sacó más votos? ¡Juéguenlo!